多才风雅
——上官婉儿

吉林出版集团有限责任公司
吉林文史出版社

◎ 主编 金开诚

◎ 编著 王德英

图书在版编目（CIP）数据

多才风雅——上官婉儿/王德英编著. —长春：
吉林出版集团有限责任公司，2011.4（2023.4重印）
ISBN 978-7-5463-5012-7

Ⅰ．①多… Ⅱ．①王…
Ⅲ．①上官婉儿（664～710）-生平事迹 Ⅳ．①K827=42

中国版本图书馆CIP数据核字(2011)第053473号

多才风雅——上官婉儿

DUOCAIFENGYA SHANGGUANWANER

主编/金开诚 编著/王德英

项目负责/崔博华 责任编辑/崔博华 邱 荷

责任校对/邱 荷 装帧设计/柳甬泽 张红霞

出版发行/吉林出版集团有限责任公司 吉林文史出版社

地址/长春市福祉大路5788号 邮编/130000

印刷/天津市天玺印务有限公司

版次/2011年4月第1版 印次/2023年4月第5次印刷

开本/660mm×915mm 1/16

印张/9 字数/30千

书号/ISBN 978-7-5463-5012-7

定价/34.80元

前　言

　　文化是一种社会现象，是人类物质文明和精神文明有机融合的产物；同时又是一种历史现象，是社会的历史沉积。当今世界，随着经济全球化进程的加快，人们也越来越重视本民族的文化。我们只有加强对本民族文化的继承和创新，才能更好地弘扬民族精神，增强民族凝聚力。历史经验告诉我们，任何一个民族要想屹立于世界民族之林，必须具有自尊、自信、自强的民族意识。文化是维系一个民族生存和发展的强大动力。一个民族的存在依赖文化，文化的解体就是一个民族的消亡。

　　随着我国综合国力的日益强大，广大民众对重塑民族自尊心和自豪感的愿望日益迫切。作为民族大家庭中的一员，将源远流长、博大精深的中国文化继承并传播给广大群众，特别是青年一代，是我们出版人义不容辞的责任。

　　本套丛书是由吉林文史出版社和吉林出版集团有限责任公司组织国内知名专家学者编写的一套旨在传播中华五千年优秀传统文化，提高全民文化修养的大型知识读本。该书在深入挖掘和整理中华优秀传统文化成果的同时，结合社会发展，注入了时代精神。书中优美生动的文字、简明通俗的语言、图文并茂的形式，把中国文化中的物态文化、制度文化、行为文化、精神文化等知识要点全面展示给读者。点点滴滴的文化知识仿佛颗颗繁星，组成了灿烂辉煌的中国文化的天穹。

　　希望本书能为弘扬中华五千年优秀传统文化、增强各民族团结、构建社会主义和谐社会尽一份绵薄之力，也坚信我们的中华民族一定能够早日实现伟大复兴！

目录

一、上官仪获罪 婉儿入掖庭

贞观二十三年五月二十六日，唐太宗李世民病故，唐高宗李治继位。李治优柔寡断、不敏朝政，流连于女色。655年，皇后王氏被废，立武氏为皇后。这武皇后便是后来称帝的武则天。

武则天被立为皇后以后便不如从前那般乖巧，对高宗也不再百依百顺。后来，高宗生病，朝中大小事宜就交由武后协同办理，武后的权力愈加大了起来，朝中也有很多人归附。高宗因长时间不理

朝政，很多朝臣都巴结、讨好武后，武后的权势、威信一时超过了高宗。一次，武后举办聚会，遍宴朝臣，一派歌舞升平的景象，但高宗因体弱竟不曾受邀，高宗听说这件事后很生气。后来，武后姐姐的女儿被高宗宠幸，被封为魏国夫人。武后对这件事非常不满意，加之最近常常梦到自己曾迫害过的王皇后和萧淑妃来向她索命，因此心情更加不好。于是她请了一个道士，想通过厌胜的办法来帮她驱鬼消灾。

厌胜是古代的一种巫术，它利用一

些道具把预想中可能发生的坏事压住，使其不会发生；即使已经发生的事也能让它向好的方面发展。很多被冷落的宫廷女子都曾想用这个办法诅咒别的妃子，把皇帝从别的女人身边抢过来，由此把后宫弄得人心惶惶、乌烟瘴气。所以这个方法在宫廷中历来都是被皇帝厌恶的。

而此时，烦躁的武后也想用这个方法驱除心魔。她把道士请来，入内殿与她单独作法。两人进了内殿很长时间也没出来，一向忠心于唐高宗的太监王伏胜趁机跑到高宗面前把这件事告诉了高宗。高宗听说后非常生气，又想起武后怎样迫害王皇后和萧淑妃，怎样阻止其他的美人靠近他，越想越生气，便决心废掉她。

于是高宗立即召东西台三品上官仪觐见，商讨废后一事。

上官仪，字游韶，陕州人。贞观初年进士，被授予弘文馆直学士的职位，掌管校理图籍的任务。后来因表现优异、才思敏捷而升为秘书郎。唐太宗很赏识他，每次写文章，都会找上官仪看看，即使举行家宴，也都邀请他参加。后来，上官仪又转任为起居郎，掌管记录皇帝日常行动与国家大事。唐高宗即位，授予他秘书少监的官职，后来，武后爱惜他的才华，又升他为西台同东西台三品。

上官仪属于初唐宫廷作家，是齐梁余风的代表诗人。他受南朝文化的影响很大，擅长写宫体诗，尤其擅长五言诗。他的诗格律工整，绮丽婉媚。内容大多是奉皇帝的命令写的，所以多是一些歌功颂德、粉饰太平的作品。因为他的地位很高，又深得太宗皇帝的重视，写的作品也深受太宗皇帝的喜欢，所以当时很多人都学习他的文风，形成了独具一格的上官体。

上官仪早就不满意武后的所作所为，

有了废后的想法。但是凭借他一个人的
力量是不可能做到的，只好隐忍着不说
出来，这次皇上找他商议废后的事情正
中了他的心思。但是高宗生性懦弱，上
官仪不能确定高宗是不是真的下了这个
决心，因此刚开始时一言不发，看高宗
会怎么说。这时，高宗对他说："上官卿家，
朕想废掉武皇后，卿家什么意见？"上
官仪回答说："皇后一向帮助皇上统领后
宫，协理国事，皇上为什么要把她废掉

呢?"高宗气愤地回答道:"想当初朕是如此宠幸她,封她为皇后。可是没想到她做了皇后以后变得专横霸道起来,现在甚至在后宫行巫蛊之事。朕因此要废掉她,重新找一个贤德的人做皇后,母仪天下。"上官仪见皇上很有废后的决心才进前说道:"皇后专宠,肆意妄为,全国的百姓都对她有意见了。臣请求皇上

废后。"于是高宗命令上官仪起草废后的诏命。可是上官仪忽略了武后的情报网遍及宫廷，他的诏命刚刚写完，墨迹还没有干的时候，武后就已经得知了这一消息，风风火火地赶过来了。

武后看到诏命，一把拿起来撕碎了，还扔到地上狠狠地踩了几脚。然后径直走到高宗的床前，一把鼻涕一把眼泪地哭诉起来："皇上，臣妾做了什么错事你要把臣妾废了。臣妾为你生儿育女，日夜操劳；皇上有病在身，臣妾又要帮你治理国家，国中大事小事，臣妾要一人负担，就算没有功劳还有苦劳，皇上怎

么忍心废了臣妾。皇上如果这么讨厌臣妾，当时为什么要把臣妾从感业寺接出来。早知道皇上会有一天废了臣妾，臣妾还不如先携儿带女自杀算了。"武后哭诉的声音凄凄切切，闻者伤心，听者流泪。高宗看着眼前这个美人，不由得动了恻隐之心，开始懊悔自己会有废后的愚蠢想法。于是他竟下床亲自扶武后起来："皇后请起，朕并没有这个意思。"武后趁势滑到了高宗的怀中："皇上没有这个想法，那地上的诏书是怎么回事？"高

宗惴惴不安："那、那是上官仪逼朕写的，
说什么不废皇后就会家国不安，民愤共
起。那并不是朕的本意。"武后心里知道
高宗已经站在了自己这一边，娇滴滴地说：
"臣妾就知道皇上不会这么狠心的，皇上
要为我做主啊！"

站在一旁的上官仪淡定自若地看着
眼前发生的一切。他知道高宗生性懦弱，
但是没想到他竟然会倒打一耙，出卖自
己的臣子。这样的主子，为他卖命又有什

么意义呢? 上官仪慢慢地退了出来,他知道以武后刚烈、果敢,有仇必报的性格,他的死期到了。他并不是贪恋生命,这样的官他也并不留恋,他只是怕连累了家人。他们是无辜的,他的小孙女婉儿才出生不久,他还想有更多的孙子、孙女,他想和他们一起安享晚年……

过了不久,武后果然以谋反的罪名监禁了上官仪。上官仪和王伏胜曾经一同侍奉过前太子李忠,李忠是高宗的长子,后宫刘氏所生,后来过继给前皇后王氏。后来高宗在武后的挑唆下废掉了太子,又把他流放到黔州那个不毛之地。这次,武后想借着李忠和上官仪等人的这层关系,兴风作浪、一石二鸟。她派党羽搜罗李忠谋反的证据,最后无中生有,逼李忠自杀而死。上官仪和王伏胜自然被牵连在内,全部被赐死。上官仪诛九族。

是夜,大雪飘飞,似乎已经有了不

好的预兆。第二天，除了上官婉儿和她的母亲郑氏以外，上官全家都被斩首示众。郑氏抱着婉儿，在这个风雪之夜，被关进囚车，送入了掖庭为仆。婉儿还在襁褓中，小小年纪的她并不知道这一切意味着什么。郑氏看着这个婴孩，泪流满面。等待婉儿的命运究竟是什么，她无法预测。

二、武后赏识
初露头角

出身名门的郑氏刚开始并不适应掖庭的奴仆生活，整日哀叹，一身凄凉。可她还有一个襁褓中的女儿需要抚养，每当听到女儿的哭声，她都暗暗地告诉自己：要坚强。过了一段时间，熟悉了宫里的环境，郑氏也渐渐地把事情想开了，只要女儿能健康成长就好，又何必计较在哪里生活呢！为了让女儿能像别的孩子那样有一个健康快乐的童年，郑氏决定先不把家里的仇恨告诉她，她希望婉儿能像其他小孩子一样，生活中永远充满快乐，因此婉儿心里并没有埋下仇恨的种子，而是心中有爱，健康成长。婉儿渐渐懂事后，自然也会问到她的父亲是谁，但聪明的郑氏总是能巧妙地搪塞过去。还好，在这后宫掖庭，婉儿能接触到的男性非常少，她对父亲的概念也非常模糊，所以很少会长时间地纠缠这个问题。

郑氏虽然对自己的命运已经安之若素，但女儿毕竟是名门之后，饱读诗书的她不希望上官家唯一的血脉变得和后宫那些庸俗的女人一样，整日只知道扯

谈无聊的话题，浪费大好的
光阴。她要让自己的女儿看
书、学文化，如一朵出淤
泥而不染的莲花。从婉
儿四岁起，郑氏就开始教
她读书、识字。等婉儿稍大一些，
郑氏又把她送到后宫的内文
学馆学习。这内文学馆是专
供后宫女子看书用的。

郑氏毕竟是一个女仆，她
有很多的活儿要做，每天没有足
够的时间教孩子读书、写字，把婉
儿送到内文学馆里自学既解决了母亲的
时间问题，还能让女儿安心看
书。婉儿白天去内文学馆看书，
晚上帮母亲干活儿，日子虽
然过得简单粗糙了些，但有母
亲的陪伴，还能徜徉于书的海洋，婉儿
已经心满意足了。

内文学馆虽然藏书丰厚，但很少有

宫女愿意来这里学习。因为她们白天大都要干活儿，就是有空闲时间也都在闲谈、玩乐。婉儿是这里少有的常客。这么小的一个女孩子，天天泡在内文学馆里看书，实在是一处特别的风景。负责管理内文学馆的老太监很快注意到了这个坚持学习的小姑娘，在他看来，小小年纪竟能如此上进，实在是很难得的事情。所以，老人很重视她，不仅推荐好书给她看，还帮她答疑解惑。他就像父亲一样，给婉儿的学习生活注入了一道阳光，让婉儿觉得暖洋洋的。从他这里，

婉儿不仅感受到了近似于父亲般的爱，
还知道了一个惊人的消息：武后年轻的
时候也常常来这里看书学习。从此她更
加刻苦了，虽然那时候的她还没有想过
自己也要创造什么传奇，但总有一个隐
隐约约的声音在心底响起：天后是从这
里出去的，我会不会也从这里出去呢？

一天，婉儿正沉浸在书的海洋中。
忽然听到"天后驾到"的声音。

婉儿很诧异："天后？天后怎么会来
这里呢？"

不容婉儿多想，老太监已经站在门

口迎驾了，婉儿吓得紧忙躲在一排书架后面。好奇心的驱使让婉儿把小脑瓜偷偷地探出来观看，她看到在她心里一向是威严、高高在上的天后此时正像一个女儿那样温和地和老太监说着话。天后询问老人的身体怎么样，内文学馆需不需要扩大馆藏等等。天后的声音那么温和，老人感动得老泪纵横。的确，这么多年过去了，天后还是没有忘记他，常常来关照这个孤独的老人，那该是怎样的一份情谊啊！看着眼前此景，婉儿对天后又平添了一份敬重之情。她开始暗下决心:做女人,就要做天后那样的女人!

这时候的婉儿,对名利并没有清晰的认识,她只是觉得:作为一个女人,如果能像天后那样既有美丽的容颜,又有聪明的头脑,还有果敢的谋略,那该多好啊!

　　天后起身要离开了,这时她一回身,发现了书架旁边若有所思的婉儿。这个女孩子衣着朴素,却掩盖不住她的伶俐劲儿,尤其是那双眼睛,恐惧之余更多的是探寻、渴望、希冀。看着她,天后觉得这个女孩子和别的宫女很不一样,

将来也许能有所造诣。可天后公务繁忙，不会在一个女孩子身上花太多心思。天后只是浅浅地问了一句："你叫什么？"娘娘在问我话？上官婉儿紧忙屈身回答道："回娘娘，奴婢叫上官婉儿。"

"上官婉儿？这孩子或许是一个可塑之材，但将来她能发展成什么样，还要靠她自己的努力啊！"天后点着头，笑了笑，离开了。

天后虽然离开了，婉儿的心却久久不能平静。天后的气派、音容、话语都深深地刻在了她的心里。她要更加努力，

早日成才。婉儿更刻苦了，她发奋
地看书，不分日夜。

　　寒来暑往，转眼间，婉儿
已经14岁了。她不再是那个黄毛丫
头，已经出落成一个娉婷少女了。更可
贵的是，她饱读诗书，已经能写
一手好文章了。多年的学
馆苦读，培养了她高雅的
气质，也造就了一个才华横
溢的女诗人。她信手拈来之作也都
是妙趣横生、文采斐然。后宫的宫女们
都喜欢读她的诗。她的诗在掖庭中渐渐
流行起来，很多人都知道了上官婉儿
的名字。

　　渐渐地，天后
也听说后宫有这么
个女孩子，天生丽
质、出口成章。一召见
才知道，她就是当年那个上进的小女孩
上官婉儿。天后命身边的文官出题考她，

不想这上官婉儿竟然不慌不忙，从容应对，很有大家闺秀的风范。再看她写出的文章，文采飞扬、才思敏捷、见解独到。天后看了之后非常喜欢，决定把她留在自己的身边帮她起草诏命。

天后要把我留在身边？听到这个消息，婉儿简直不敢相信。她又惊又喜，急忙把这个好消息告诉母亲，本以为母亲也会替她高兴的，可慈爱的母亲竟然一反常态，坚决反对。母亲对她说："婉儿，伴君如伴虎。你年纪还小，不懂得世事难料、人心叵测。你快点找天后，说自己才疏学浅，不能担此重任。"

"娘，您怎么会这么说呢？女儿总有

长大的一天啊! 何况娘不想摆脱这个阴暗、湿冷的地方吗? 这是个机会啊! 您勉励女儿努力读书不也是希望女儿能做到与众不同吗? 这次难得有天后的赏识,女儿的才学终于能有用武之地, 这不是很好吗? ”

郑氏看着执拗的女儿, 知道自己说不过她。可当年上官一家的惨案还历历在目, 她只剩下这一个女儿了, 真希望她能平安地长大、结婚、生子。可女儿哪里理解自己的这份苦心啊! 该怎么劝服她呢? 难道要把上官一家的故事讲给她听? 这些年来,她一直无忧无虑、快乐地成长,如果把真相告诉她, 不知道她能不能承

受这个事实。可她已经 14 岁了，明事理了，也许该把真相告诉她了！她该知道自己的真实身世，也有权选择自己的人生。

于是，郑氏把婉儿叫到身旁："婉儿，想知道你的父亲是谁吗？"

"我的父亲？当然想知道了，娘，你肯告诉我了？"

"这些年来，每当你问到这个问题，娘都讳莫如深。是觉得你年纪还小，不该背负着仇恨长大。现在你懂事了，该

让你知道了!"一想起自己的丈夫、公公,郑氏心如刀割,含泪把当年的事告诉了女儿。

"我是上官仪的孙女、上官庭芝的女儿? 我们全家都被天后杀了?"这个消息的确是太令人震惊了,婉儿一时间不知道该怎么办,她需要冷静地思考这件事。现在摆在她面前的有两条路,是上表请辞,继续在掖庭过这暗无天日的生活呢;还是忘记家族的仇恨,做天后的使女。选择并不难做,这么多年来,上官婉儿已经习惯了没有父亲的生活,读过的万卷诗书也使她的心智渐渐成熟起来,她明白"君叫臣死臣不能不死"的

道理，更何况她只是一个小小的宫女。如果不珍惜这次机会，她就要像别的宫女那样，整日洗洗涮涮，在这掖庭里憔悴一生。虽然她也伤痛，也为自己家人的命运鸣不平，可从小在爱的环境中成长的她，心里爱的成分远远大过了恨。更何况天后是她心中的神，是她的梦想所在！婉儿渐渐说服了自己，她要忘记旧日的仇恨，开始新的生活！

郑氏理解女儿，也尊重女儿的选择。这么多年来，她早就把仇恨看得很轻很轻了，女儿都能看开，她有什么看不开呢？

女儿不想像她一样在掖庭里埋没了自己的才智和青春也没有错啊！何况女儿长大了，有自己的想法，她既然做出了这个选择，做娘的就会尊重她的选择。

从此以后，一代天后的身边就多了一个美丽漂亮、乖巧伶俐的女孩儿，她就是上官婉儿。

看到母后身边多了这么一个和自己一样美貌、聪明的女孩儿，太平公主本能地排斥她。可婉儿虽然得到天后的赏识，却从来不恃宠而骄，为人恭顺谦逊、处事大方得体。时间一长，太平公主也喜欢上这个小姑娘了。因为太平公主的

关系,婉儿和太平公主的哥哥李贤、李显、李旦都渐渐熟悉了。他们都是天后的儿子,太平公主的哥哥,天后本来有四个儿子,大儿子李弘在婉儿还没有来到武则天身边的时候就莫名其妙地死了。

在天后受宠之前,唐高宗李治曾经宠幸过萧淑妃。天后专宠后,排除异己,想办法杀死了萧淑妃。萧淑妃死后,她的两个女儿也受到了牵连,都三十多岁了,还被天后软禁在宫中,不能出嫁。唐高宗很心疼自己的女儿,但不敢和武后说。

太子李弘不忍心看着自己的姐姐老死在宫中，私自做主帮她们找了人家。天后听说了这件事，非常生气。虽然表面上夸赞他做得好，心里却为儿子的自作主张而大为恼火。不久，李弘在家宴时莫名其妙地被毒死了，大家都怀疑是天后这个当母后的做的。

大哥的突然离去，使剩下的弟弟妹妹们倍加珍惜这份兄妹情谊，常常聚在一起联络感情，互通有无。太平公主作为大家的小妹妹，常常组织家庭宴会，婉儿也会帮忙筹划。一来二去，大家自

然熟识起来。在这几位皇子中，婉儿最喜欢的是太子李贤。倒不是因为他是未来皇位的继承人，那时的婉儿还相对单纯，没有想到权力纷争，她只是觉得贤符合她心目中风雅君子的标准。虽然那时候的贤已经是几个孩子的父亲了，但举手投足间仍散发着让婉儿痴迷的男子气概。对于婉儿的心思，贤不是不知道。可婉儿是武后的人，李贤不敢和她走得太近。最近一段时间他和母后的关系很紧张，他不能确定婉儿是不是真的喜欢他。纵然是真的喜欢，万一哪一天他和母后交锋，那她会站在哪一边呢？贤没有自信婉儿能站在自己这一边，他知道这是一个不寻常的女人，所以他只能和婉儿保持若即若离的关系。

李弘死了，李贤住进东宫，继任太子，他本想成为一个好太子，将来成为一个好皇上。唐高宗李治多病，他行使监国的责任，积极帮助李治处理政事，做事勤勉认真、办案明察秋毫。但他不明白，母后对自己的努力竟然视若无睹，常常让他看《少阳政范》《孝子传》，还常常责备他，督促他做人要孝心。面对

母后的不信任，他不知道为什么，也不知道如何应对。渐渐地，他想明白了，自己的母后临朝多年，是不想放弃权柄啊！自己勤勉不就相当于夺了母后的权力吗？哥哥李弘因为不顺着她的意愿办事，意外死亡了。自己现在表现得这么勤勉不更是在挑战她的权威吗？母后权倾朝野，还有父皇在背后撑腰，我怎么斗得过呢？如果自己不小心的话，不但太子名号会被废掉，连性命也难保啊！李贤越想越害怕，后来宫中暗暗流传一种说法，说李贤是武后姐姐韩国夫人和高宗偷情所

生，李贤更加如履薄冰了。他只能收起锐气，装作对国事漠不关心的样子，希望能骗过自己的母后，逃过一劫。为了表明他对国家政事真的毫无兴趣，他召集自己门下的学者张大安、刘讷言、许叔牙等人，主动提出为范晔的《后汉书》作注，整日将自己埋在故纸堆中，获得了一段清闲安静的岁月。

但书有注完的一天，完成这件事以后又该怎么办呢？他只能赋闲在家，装作无所事事的样子。本来是当朝太子，

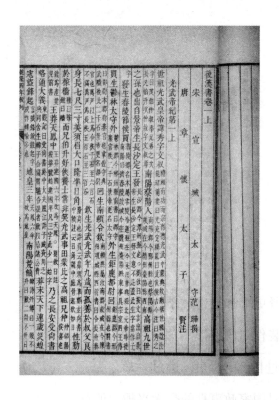

却要步步退让，要警惕亲生母亲的危害，时时担心生命有危险。李贤觉得自己活得太窝囊了！渐渐由收敛锋芒变成真正的自暴自弃。他终日饮酒作乐，还蓄养宫奴。婉儿看了非常不忍，常常劝谏，他哪里肯听婉儿的劝告，依然我行我素。正谏大夫明崇俨看他整日无所事事，向天后奏表，说李贤没有做太子的才能，不适合做太子。明崇俨是天后的亲信，他了解天后需要什么，所以趁此机会说太子的坏话，讨好天后。不久，明崇俨为盗贼所杀，天后怀疑是李贤做的。天后觉得太子杀死自己的亲信，是在公然和她作对，萌生了废掉他的想法，从此开始留心搜集不利于李贤的证据。李贤担心母后哪一天会加害他，所以在宫中偷偷藏了一些兵器。天后知道后非常生

气，坚定了废掉他的决心。但她并没有急于求成，而是打算趁此机会考验一下她的心腹上官婉儿。自己毕竟是上官婉儿的仇人，她要看看这个姑娘是否真的绝对忠诚。

婉儿接受了命令，来到东宫搜集太子谋反的证据。李贤正在和宫奴喝酒厮混，看到婉儿缓步走了进来，有意调戏。

"看，这是谁啊，不是天后娘娘身边的大红人上官婉儿吗？不知道大驾来到我东宫有什么事啊？"

看着心爱的人这副酒气熏天、自暴

自弃的模样,婉儿很伤心,很委屈。"殿下,请不要这样说,婉儿的心殿下是明白的啊!"

"你的心?哈哈,你还有心吗?我怎么没看出来啊!"

"殿下,您为什么这样不自爱呢?您终日如此厮混,怎么对得起太子的头衔,怎么对得起天后的栽培?"

"我不自爱?是我想不自爱吗?我自爱得了吗?"

"即使是避其锋芒,殿下完全可以采

用别的办法。可以管弦丝竹，可以吟诗作画，殿下没必要采用如此极端的办法来糟践自己啊！"

"哼，你还来教训我了！我愿意怎么做就怎么做！还栽培？她是栽培我吗？她不害我就不错了！"

"殿下怎么可以这么说自己的母后呢？无论怎么样，她是您的母后，她是爱殿下的。"

"爱我？她正找机会除掉我，好大

权独揽呢吧？谁不知道她心里只有权力，没有亲情？"

"殿下说话请自重，她毕竟是殿下的母后！"

"我说了，怎么样，难道你要去告密！我告诉你，现在这东宫太子府中就有兵器，哪天她要是逼急了我，别怪我不客气！"

"殿下，您怎么能私藏兵器呢？在皇宫中自藏兵器是死罪啊！"

"我喜欢藏就藏，你是不是想去告

密请赏啊? 那赶紧去, 别被别人抢了先,
哈哈, 快滚吧! "

说着, 李贤竟在婉儿面前与宫奴卿
卿我我、动手动脚。婉儿无地自容, 赶
紧离开。

东宫和后宫离得不算近, 婉儿却觉
得路是这么短。她一步一步地踱着, 不
知道回宫以后该怎么说。太子说府上有
兵器, 是真的吗? 即使是真的, 我能出
卖他告诉天后吗? 太子虽然出言不逊,
但我知道他是相信我才和我说的, 他心

里苦啊！可天后说太子要谋反，我是奉命调查太子谋反的证据，如果我说一无所获，天后会相信吗？万一以后天后查出来，知道是我有意隐瞒怎么办呢？婉儿急得团团转，一会儿天平偏向太子这边，一会儿天平又偏向天后这边。想着想着，她已经来到宫门前了，必须要做出一个选择了。婉儿深深地舒了一口气，又理了理自己的思路。天后派我搜查太子谋反的证据，说明天后要向太子开刀了。即使今天我保了他，天后明天也会派别的

人找到别的理由废掉他的，欲加之罪，何患无辞。天后现在大权在握，如果我得罪了她，我和母亲会一起遭殃的。

理智下来，权衡利弊，婉儿决定把太子私藏兵器的事告诉天后。天后满意地听着她的汇报，知道了婉儿的忠心。心想，以后有什么重要的事情可以放心地委任给她了。听完婉儿的汇报，天后立即派人搜查东宫，果然在东宫马坊中搜到了几百领铠甲。太子李贤因此被废，贬为庶人，幽于别所，后又流放巴州。

　　李贤走了，带走了一身的落寞凄凉，更带走了一个单纯善良的婉儿。经历了这件事，婉儿瞬间成熟了，她看到了皇宫的残酷，看到了弱肉强食。她开始明白，要想在这里生存，必须懂得察言观色、审时度势，必须要时刻小心、步步为营。

　　宫廷中没有爱情，事实再一次证明，婉儿已经坚定了自己紧跟武后的决心，而这样的决心将伴随她一生。

三、出谋划策
武后登帝位

看着儿子一个个离自己远去，高宗的病加重了。683年，唐高宗李治结束了他五十六年的生命，驾鹤西去。遗命李显即位，是为唐中宗。

有高宗的遗命在，天后不得不让儿子李显即位，她可不想成为朝臣的众矢之的。可她知道自己这个儿子寡断少决、无勇无谋，不放心让他管理政事，所以让婉儿过去帮忙。刚登基的李显既兴奋又紧张，兴奋的是他是一国之君了；紧

张的是自己从来没有单独处理过政事，不知道能不能做好。朝臣都知道上官婉儿是天后的左膀右臂，是天后的智囊，天后派她来帮助新皇上，难道天后是有意退隐吗，大家猜不出。

无论天后是什么初衷，对于缺乏政治能力的李显来说，婉儿的确提供了很多帮助。婉儿很得天后的赏识和信任，在辅佐天后的时候就常常帮助天后批阅奏折，加上天生的政治禀赋，使她一来到李显身边就帮他解决了很多难题。看着这个既聪明智慧又优雅美丽的帮手，李显渐生情愫，向婉儿抛出了爱的橄榄枝。此时的婉儿早已不再是那个初出茅庐的少女，她已经成长、成熟，知道自己需要什么，更知道在皇宫里生存需要什么。虽然她有天后的保护，但此时是李显临朝，如果能得到李显的信任，自己的生存就会多一份安全和保障。所以她欣然接受了李显的爱意。

皇后韦氏知道李显和婉儿的私情后，不断向李显吹枕边风。说上官婉儿是皇太后的人，永远不可能真正效忠他李显的，真正对他好的只有她韦氏等等。韦氏除了离间李显和婉儿的感情外，还对朝政大加干涉。可惜她志大才疏，常常把事情弄得一团糟。自己被封为皇后以后，又想一荣俱荣，让李显给她娘家人封官。这李显颇似当年的高宗李治，性格懦弱、没有主见，又怕老婆，韦氏提出的要求，他哪敢不从，高高兴兴地要把韦后的父亲韦玄贞从一个小

官提升为侍中。中书令裴炎认为提升太快，有失法度，极力反对。不想这李显竟然在朝堂上公然叫嚣："天下是我的，我就是将天下送给韦玄贞又有什么不可以，难道还会吝惜一个侍中的职位！"裴炎觉得唐中宗做得太离谱，将这件事告诉了已经是皇太后的武则天。

武则天虽然已经退为皇太后，但仍时刻关注朝政的发展。亲信上官婉儿当然知道太后是个离不开权力的人，将朝中事务无论大小都呈报给太后，只是缺乏政治敏锐性的李显不知道罢了。李显登基以后做的糊涂事武则天尽收眼底，他任命的官员大都是皇后韦氏所推荐。

皇太后觉得韦后势力日盛，已经威胁到了她的权力，早就想整治一下了，不想李显今日竟说出如此糊涂的话，难道他要把天下给韦氏吗？她真是忍无可忍了，决定把他换掉，但不可以莽撞，要先看看他在朝臣中的口碑如何，所以她叫来了婉儿。

"听说皇上要把韦玄贞封为侍中？还要把整个天下给他，可否有此事啊？"

婉儿心里暗自揣度，"听说中书令裴炎已经把这件事告诉皇太后了。现在太后问我是什么目的呢？莫不是太后又要向李显开刀了？"这些年来陪伴在太后的身旁，只凭太后的一个眼神，一句话的

口气，婉儿就能把她的意思猜得差不多了，这是主仆之间的默契，更是婉儿的生存之道。现在太后这样问她，她当然知道怎么回答。

"回太后，确有此事！"

"你怎么看？"

"回太后，奴婢认为皇上这么做很不妥！"

"为什么呢？"

"请恕奴婢大胆，天下不是皇上一个人的，是先辈用血汗换来的。皇上随随便便就要把天下送给旁人，这是极不明智、极不负责任的行为！"

"说得好，那你认为该怎么处理呢？"

"回太后，观察皇上和相王，皇上做事轻率，而相王却闲适超然、极明事理。奴婢斗胆认为相王更适合做皇上！"

"大家都这么想吗？"

"回太后，百官将皇上所作所为看在眼里，现在大都持这个想法！"

武则天笑了笑，心想：知我者，婉儿也！我也想废了他的皇位，但不知道朝臣的想法，不想朝臣竟也这么想。武则天当然也知道，婉儿可能是为了顺应她才这么说的，不过这对于她来说都无所谓。她需要的只是一个心里的平衡和借口，现在她有了，那她就只管去做，完全不必理会这个借口的真假。

第二天朝会，武则天又出现在朝堂

之上。太后突然出现，大家知道肯定又有什么重要的事情发生了。大家屏住呼吸，翘首以待，中书令裴炎宣读了太后懿旨，废李显为庐陵王，另立相王李旦为皇帝，是为唐睿宗。朝臣惊诧不已，一个皇上说废就废了？不过武则天虽然弄权专政，但在她执政的这几十年来任用贤才，悉心治理，把国家打理得井井有条。虽然她是一介女流，朝臣对她的管理能力还是很服气的。虽然有一些持传统观念的人不太认同皇后专政，可这么多年，武则天不仅培植了自己的势力，而且非常强大，这些守旧派根本无法和她抗衡；更何况，大家都知道武则天是铁血皇后，不仅有统帅制衡的能力，更有政治手腕。她既有宽广的胸怀，敢于不拘一格降人才；又敢作敢为，对政敌毫不手软。基于这些原因，武太后的势力可想而知。这次，她说废就废了皇帝，根本没有给文武百官考虑商量、提供意

见的机会。

李旦虽然被立为皇上，武则天却让他住在别殿里，不允许他过问政事。李旦倒乐得清闲，因为他清楚地知道，自己必须要表现得对政治毫无兴趣，否则性命堪忧。大哥因为忤逆母后被毒死了；二哥因为锋芒毕露，政见和母后不和，被流放了。前不久又在流放地自杀了，听说是母后派人逼他自杀的；三哥因为重用皇后外戚，对母后的权力造成威胁，母后废掉了他的皇位。三个哥哥尚且如此，何况我呢？所以李旦偏安在这别殿

里，武则天不让他过问政事，他便真的不过问，还屡次上表请辞。

武则天以皇太后的身份，继续行使皇权。朝中大臣对于皇太后软禁新皇上的行为颇有微词，宰相裴炎力劝武则天还政睿宗，却惹来了杀身之祸。虽然武则天爱惜他的能力，可对于公然与她作对的人，她绝不手软。裴炎被杀以后，武则天继续罗网亲信、铲除异己。武则天的行为惹怒了朝中一些大臣，更惹怒了李唐宗室的王公显贵。唐高祖的儿子李元嘉首先起兵。李贞、李冲父子也纷纷举旗响应。他们相聚到一起，以让皇太后还政为旗号，兴兵讨伐武则天，还请了初唐四杰之一的骆宾王撰写了《讨武瞾檄》。全国形势风起云涌，武则天却临危不乱，充分显示了她独特的政治能力。她迅速调集三十万大军，仅用四十天的时间就将十万叛军全部歼灭。这一招杀鸡儆猴，使反对她的朝臣安静下来。反叛的将领几乎都被诛杀流放，只有骆宾王一人幸免。武则天爱惜他的才华，将他留在朝中任用。

朝臣大都归附了她，武则天认为称帝的条件渐渐成熟了。身边的婉儿和武三思看出了太后的想法，也积极为武则天称帝创造条件。

当时，有一个叫做法明的和尚，伪造了四卷《大云经》敬献给武则天，还说她是天上弥勒佛转世，来到人间就是为了帮助管理李唐王朝的。因此，武则天将佛教定为儒、道、佛三教之首，利用佛教中的《大云经》，鼓吹自己是"女王承正"。还在东都洛阳建造大毗卢佛，

让各州县都建大云寺。

她的侄子武承嗣偷偷让人在一块白石上刻上"圣母临人,永昌帝业"八个字,献给武则天。看到这块白石,武则天非常高兴,立即把这块瑞石命名为"宝图"。

垂拱五年元月,武则天在神都南郊举行拜洛授图仪式。第二年元月,在明堂举行盛大的祭典活动。此时,武则天第一次穿上天子大礼服的衮冕,玉带下插着大圭,手拿镇圭。虽然只是临朝称制,但国家实权已完全在武则天的掌握之中。

至此,武则天和其党羽的一系列行为,已经司马昭之心,路人皆知了。

官员傅游艺想讨好武则天,暗自联络了九百多人联名上书,请求太后临朝称帝。武则天虽然假意推辞,却提升了傅游艺的官职。文武百官看到傅游艺因此被提升,都知道了太后的心思,因此劝谏她做皇帝的人越来越多,最后竟达到了六万余人。这中间有文武百官、有王公贵族、有平民布衣，还有各族首领、和尚道士。

眼看时机已经成熟的上官婉儿和武三思也力劝太后珍惜机会，顺应民意。

690 年 9 月，已经 67 岁的皇太后武则天接受大家的请求，登上则天楼，身着帝王的衮冕，即皇帝位，自称"圣神皇帝"，改国号为周，定年号为"天授"，以李旦为太子，赐姓武氏。

四、获刑险遭
戮结情武三思

一代女皇武则天的时代来临了。

武则天当政以后，励精图治。

她大胆推行科举制度，广开言路，选拔人才，还开创了殿试的方法，亲自选拔人才。她知人善任、量才录用，任人唯贤、不拘一格，不问出身门第。如宰相狄仁杰、张柬之以及大将娄师德、郭元振等世间英贤都被她罗致门下，委以要职。她还有力地打击具有政治特权、经济势力强大的士族，得到了普通地主

阶级的支持，扩大了其统治的社会基础。在确立了对天山南山的统治后，她又以政治家的胸怀和眼光，化干戈为玉帛，遣使睦邻，与周边各族以礼相待，和平共处，多年来，边关烽火不兴。同时，她派人打通了已经中断的通往西亚的商路，促进了中西经济文化的交流。

武则天非常重视文化事业，组织文人撰写了许多文集，如《古今内范》《玄览》等。她自己也撰写了《垂拱集》《金轮集》，还自制了《大乐》。

武则天还十分重视发展生产，推行农桑薄赋徭，广修水利，组织人撰写《兆人本业记》，进行劝农，发展蚕桑，为富国强兵做出了杰出的贡献，上承贞观之治，下启开元盛世。

当然，武则天当政时期为了打击政敌，也任用酷吏，屡兴大狱，给人民造成了一定的苦难。

总之，在武则天当政的时代，社

会稳定，百业兴旺，边防稳固，人口增长。据说，在唐太宗时期全国人口仅有三百万户，到武则天末年时已增长至六百多万户。可见她的确是历史上少见的理国贤才。

看着国家四海升平，百业兴旺，武则天很高兴，有辅佐之功的上官婉儿和武氏家族自然功不可没。武则天大封武氏家族，武三思、武承嗣等人都凭借其姑母的力量高官厚禄。然后，她又把政事委托给上官婉儿，自己则放心地安享晚年。她渐渐老了，该好好地享受生活了，她要用自己所剩不多的时光让自己快乐！

治理国家的重任落到了上官婉儿肩上，她虽然没有得到明确的官职任用，实际上却在行宰相之职。武则天晚年宠幸男宠，无暇分身，很多政务都是由婉儿负

责，行皇帝令。这既体现了婉儿的能力，也说明婉儿深得武则天的信任。

朝廷有能干的婉儿、武氏家族，还有狄仁杰等贤人管理、照看，武则天放心地投入薛怀义的怀抱。

薛怀义长相俊俏，武则天很是喜欢，没等武则天做皇上的时候，他就已经成了她的男宠。武则天赐给他贵族姓氏薛，从此得了薛怀义的名字。为了帮助女皇登基，他鞍前马后，没少效力。不仅潜心编造了《大云经》，还建造名堂，鼓吹

佛理,说武则天是弥勒佛转世。他的努力,
女皇都看在眼里,对他更加宠爱。可时
间一长,女皇还是厌倦了他,开始有了
别的新宠。薛怀义见女皇对他冷落,开
始打女皇高级侍女上官婉儿的主意。武
则天登基那年,婉儿 26 岁,正是青春好
年华。薛怀义早就注意到女皇身边这个
年轻貌美,又掌握权柄的女侍,常常肆
机挑逗,婉儿都理智地避开了。

　　武则天的新宠就是张昌宗、张易之

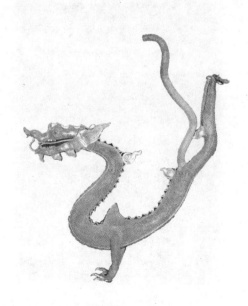

兄弟，是太平公主进献给女皇解闷儿的。这两人都长得面若桃花、玉树临风。尤其是张昌宗，号称当时第一美男子，有美似莲花之称。同时，他还出身名门，精通音律。这些无不在吸引着同样貌美如花，同样精通音律的婉儿。但她只能是想想而已，女皇的男宠，她哪里敢碰啊！正所谓"无心插柳柳成荫"，不想事隔不久，机会却来了。

武则天的侄子武三思为了讨好姑妈，

除了广修宫殿外，还在自己府上专门建了
一所别院，搜罗天下美男子供女皇享用。
这天，女皇烦闷，便去了武三思府上，
留婉儿独自在皇宫内处理政务。婉儿正
在认真地看着奏折，忽然感觉一个人已
经走到她的身旁，她抬头一看，竟是张
昌宗。看着自己早就心仪的对象，婉儿
心如鹿撞。但多年的宫廷生存经验告诉
她必须克制。这不是一般的男人，是女

皇的男人，不能碰。所以她故作镇定地说："张将军（张昌宗得宠后被女皇封为云麾将军）来了，但是女皇不在，请张将军明天再来吧！"

"女皇不在，婉儿姑娘不是在吗？"

婉儿紧张地说："张将军说话请自重！"

谁知张昌宗继续纠缠，婉儿就范。纵然知道是毒酒，但这毒酒的醇香实在太吸引婉儿了。有了第一次，就有第二次，两人见面次数越来越多，有时竟然在女皇面前公然眉来眼去。女皇渐渐发现了问题，一次外出回来，把他们捉奸在床。

看到女皇回来，婉儿简直傻了眼。
来不及穿衣服，

张昌宗也紧忙下跪求饶。

女皇盛怒之下把婉儿押入大牢，准备处死。但她舍不得处死张昌宗，"宽容"地饶恕了他。张昌宗看到情人被羁押，非常不忍心，常常在女皇面前为婉儿求情。经张昌宗的提醒，女皇想起了婉儿的好，想起婉儿如何替她日夜操劳，也想起婉儿的存在对于她是多么的重要，她决定饶恕她这一次。但她要毁坏她的美丽，她要让她明白：她可以让她荣耀，

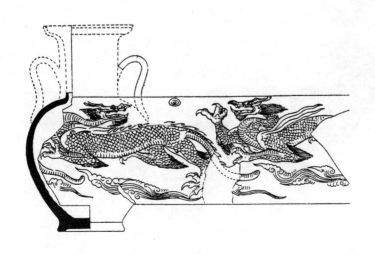

也可以让她毁灭。所以，婉儿虽然逃过一死，却遭受了黥面之刑：在面额上刺青。

看着镜中的自己，婉儿简直不敢相信，夹鬓上一抹墨色还没有干，曾经的美貌容颜一去不复返。婉儿生气地把镜子摔到地上，又用脚把它踩扁、踩烂。可冷静下来，婉儿知道，破坏镜子不是解决问题的方法，女皇赦免了她的死罪，还让她跟随左右，那不是让她出丑吗？她要想个办法。看着窗外盛开的梅花，婉儿突然灵机一动。她出去采了几朵梅花，精心地贴在受刑处。不想这几朵梅花不仅遮住了墨渍，还别有一番风韵。

只是，这些梅花很容易从脸上脱落。婉儿又想了一个办法，用金银箔制成梅花的样子，贴到面额上。这样制作而成的梅花既能很牢固地贴在脸上，看起来又熠熠生辉，很有光彩。为了配合这个"梅花妆"，婉儿又把头发梳成卷曲的发髻，便于配合遮盖这块刺青。

受了黥面之刑的婉儿不但没有失去美丽的容颜，反而焕发出别样的光彩。当她走到女皇身边的时候，女皇暗吃一惊，随即又很欣赏她的发明。宫女命妇们看到婉儿的妆容好看，也渐次模仿。慢慢地，"梅花妆"和"上官髻"竟成为一种时尚。

婉儿重回女皇身边，做事更加小心谨慎、曲意逢迎，两人的关系很快和好如初。女皇看着大周帝业，萌发了一个想法：修大周国史，将她的丰功伟业记录下来。那么，谁可以担此重任呢？自然是正得女皇信任的武三思了。于是武则天派侄子武三思掌管修著国史的任务，怕他忙不过来，又让学识渊博、文字能力了得的婉儿过去帮忙。

武三思是武则天的侄子，并州文水人。他长相俊朗，工于心计，很会逢迎女皇的心意。为了讨好武则天，他曾经

屈尊为武则天的男宠薛怀义牵马；还在嵩山建三阳宫，在万寿山建兴泰宫，每年都请武则天过去游玩，自己也在其中获得了许多不义之财。在女皇的提携下，他从一个平民很快晋升为夏官、春官尚书，后来还被封为梁王，很得女皇的信任和依赖。这次，女皇把修著国史的任务给他，可见他在女皇心目中的地位有多么重要。

　　武周帝国国史的修著工作在武三思和上官婉儿的配合下，浩浩荡荡地开始了。武三思搜罗了一批炙手可热的文人墨客，和婉儿一道投入在国史的修著工作中。遇到问题，两个人会悉心商量，配合默契，因此工作进行得很顺利。天长日久，两人渐生情愫。一个俊朗倜傥，一个美貌高雅，又同为女皇面前的红人，英雄惜英雄，两人很自然地走到了一块。

　　但是两个人都明白，这中间没有爱。

对于武三思而言，婉儿是深得女皇赏识
的爱将，讨好了她，相当于间接讨好了
女皇。何况，婉儿又是那么美丽，周身
散发着女性迷人的味道；对于婉儿而言，
武三思是女皇的亲侄子，深得女皇的信
任。讨好了武三思，自己的生存就多了
一份安全和保障。何况，武三思风流倜
傥，周身的男子气概也深深地吸引着婉
儿。

　　就这样，婉儿和
武三思走到了一起。

五、庐陵王重登大
宝天下复归李唐

晚年的武则天,生活腐化淫逸。转眼,她已经年过古稀,该考虑自己的子嗣问题了。是把王朝留给武家,还是由李家一脉传承呢?武则天犹豫不定。她把文武大臣召集到一起,大臣很明显地分为两派。有一部分人支持在武氏家族内部选拔;更多的人则建议女皇把被贬在外的庐陵王李显接回来。

看到女皇不断迟疑,朝中拥李派接连劝谏女皇把庐陵王接回来。狄仁杰等人还为此屈尊讨好女皇的男宠张昌宗、张易之兄弟。拿人钱财，与人消灾，张氏兄弟服侍女皇的时候自然没少为李显说好话。女皇年事已高，也不忍心让自己的儿子流落在外，决心把他接回来。她找来上官婉儿，让她草拟李显回朝的诏书。对于女皇的选择，婉儿并不吃惊，毕竟血浓于水。但她也不能眼睁睁看着自己的情人武三思失去继承权，她要试一试女皇的真正想法。所以，婉儿提起笔并没有立即写诏书，而是装作漫不经心地对武则天说："陛下已经决定了吗？"

武则天淡然地看着她，轻轻地问："决定什么？"

"决定让庐陵王接替陛下的位置啊！要不然陛下怎么会在这个时候把庐陵王接回来呢？"

"庐陵王是朕的亲生儿子，朕难道不应该把他接回来吗？"

"皇上一片慈母之心，奴婢当然理解！

奴婢只是觉得陛下在为儿子打算之余也
应该为自己考虑。"

"哦？怎么个考虑法？"

"大周天下是陛下的，也是武
氏的。一旦陛下把皇位传给庐
陵王，陛下百年之后谁来
保护武氏家族呢？"

武则天看着她，心想：
婉儿果然不一般，知道我
在担心什么。但她仍不动
声色地说："婉儿不必担心，
朕自有主张。还有，这次宣庐陵王回朝
是密诏，切不可把消息泄露出去。"

婉儿写完了诏书，武则天便命人把
李显接了回来。

李显终于结束了多年的流亡生活，
重新回到了京师。武则天和儿子叙了离
别之情，然后让儿子站到政务殿屏风的
后面，自己上朝去了。朝会散去，武则天
把狄仁杰一人留了下来。武则天对他说：

"国不可一日无君，最近朕又身体欠佳。狄爱卿，你认为三思和显儿谁更适合做太子啊？"

狄仁杰见女皇又是问起皇位继承权的问题，不禁泪如泉涌，冒死直谏："陛下，武周天下是太宗皇帝一手打下来的江山，天下思李久矣。更何况姑侄与母子哪个更亲啊？望陛下接回庐陵王，顺应民意。"

"每次问你，你都这样，把庐陵王还你！"说着，武则天走到屏风后，把李显领了出来。

狄仁杰定睛一看，果然是庐陵王李显。激动得赶紧跪下："陛下圣明，陛下圣明啊！"

"狄爱卿快快请起！"

狄仁杰高兴地站了起来，"陛下，庐陵王是要继承大统的人，把他秘密放在后廷恐怕不太合适啊！"

"爱卿说得对，朕会举行隆重的仪

式把他接回来的。"

说完，武则天又转身对李显说："显儿，你看到了狄大人对你有多么效忠了吧，以后有问题要常请教他，知道吗？"

李显哆嗦着回道："谢陛下，儿臣知道了！"

婉儿安静地站在一边，看着女皇自导自演这出戏，她当然知道女皇为什么这么做。女皇下决心接李显回来，就是决定要把天下给他的。可李显以前当政时的行为让女皇很不放心，所以女皇以这种方式把她信赖的能臣狄仁杰推荐给儿子，她多么希望自己百年以后儿子能知人善用、任人唯贤，好好治理国家啊！一代女皇的气度和远见由此可见一斑！

狄仁杰退下后，武则天命令婉儿把李显一家偷偷送到洛阳城外的龙门住一晚，第二天又让婉儿带着朝廷的仪仗队和文武百官亲自到龙门接驾。接驾队伍中，自然有武三思，看着李显又回来了，

武三思知道自己没有希望继承皇位了。只是他很生气，自己身边两个重要的女人——姑母女皇陛下和情人婉儿怎么都不和自己说一声呢！到现在他才明白这两个女人是何等的相似！她们都富有政治能力和无边的智慧，她们又都只是为自己而活，在利益面前，她们翻脸比翻书还快。不过还好，姑妈和婉儿都没有和我翻脸。姑妈的决定我也改变不了，只希望姑妈不要忘了我就好！武三思心里打着自己的小算盘，表面上却一点也没有表现出来。他像其他王公大臣那样，热情地欢迎李显，"大度"地接纳李显。

回到家中，武三思立即去找上官婉儿，他要问明白她为什么要这么对他。在政务殿旁边，武三思见到了婉儿。

他走到婉儿面前，问道："婉儿，陛下要接庐陵王回来，你怎么没事先告诉我呢？"

婉儿看着他，心平气和地回答道："陛下说这是密诏，不能告诉别人。"

武三思抓住了婉儿的肩膀："我们在一起这么多年，难道我也是别人吗？你这么做未免太无情了！"

婉儿依旧那么平和："陛下虽然不让我说，可我屡次暗示过你，是你自己没有领悟出来。前些日子我就和你说，陛下年纪大了，思念儿子，将来可能会把皇位传给李家的人。可你却不相信，还说陛下会把武周传给武家的人。"

武三思一想，婉儿确实是说过这些话的，但嘴上还是不肯认输："你怎么说就怎么是了？"

婉儿鄙夷地看了他一眼，笑道："你

怎么这么幼稚啊! 庐陵王被接回来, 将来就会继承皇位, 你现在应该做的是讨好庐陵王夫妇,而不是来和我互相猜忌。"

武三思被婉儿说得无地自容, 赶紧道歉道 :"是我没有考虑明白, 你可不要怪罪我啊!"

两人相视一笑, 毕竟十几年的关系了, 也不是说断就断的。

这些年来, 李旦虽然身为太子, 却过着近乎软禁般的生活。多年的生存经验早就磨光了他的志气, 他唯一的愿望就是安全地生存、安静地生活。所以, 当多年以后, 在儿子李隆基的帮助下, 他真的能当一个名副其实的皇上的时候, 他反而没有了兴趣, 最后还是把皇位禅让给儿子, 继续去过自己安静闲适、与世无争的生活。现在知道哥哥回来了, 他当然也明白女皇的用意, 很知趣地再三上表请辞。刚开始, 为避免伤害母子情谊, 女皇假装不同意。

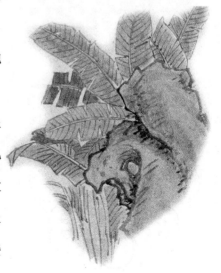

李旦又亲自找到女皇陛下："陛下，三哥已经回来了。自古长幼有序，儿臣恳请陛下改立三哥为太子。"如此再三，女皇下决心顺应民意，立庐陵王李显为太子。

698年，李显众望所归，重新被立为太子，结束了他多年的流亡生活。

为了防止武家和太子纷争残杀，武则天把儿女和武姓家族的成员召集到明堂，当着满朝文武百官的面，祭告天地，让他们共同宣誓，永远和平共处，互不仇杀。还立下铁券，藏在史馆里。武则天用自己的能力化解了潜伏的国家危机。

太子已立，武则天又安心地享受她晚年的乐趣去了！

快乐虽在，可毕竟岁月不待人，皇上也不能抵御年龄的侵蚀。又过了几年，武则天的身体愈加虚弱。人年纪大了，就喜欢回忆，最近她常常想起在长安的日子。所以武则天决定回长安住些时日，这一住就是三年。三年后，武则天又回到洛阳，回来后，她的病更重了，也更加贪恋世间的男色，最得宠幸的自然是张昌宗、张易之兄弟。平日里，二张就常常依靠女皇的宠幸胡作非为。现在，女皇病重，他们常常服侍左右，有时奏折女皇不看，婉儿不看，而是他们兄弟看，然后依照自己的意愿，乱加批阅。对于他们的种种行为，女皇只当没看见，只要他们安心地服侍她，女皇就很知足。女皇的病愈加严重，二张也借此机会愈加嚣张。他们被武则天封以高官，有恃无恐，肆意干涉朝政，飞扬跋扈，不可一世，引起满朝文武大臣很大的不满。后来，武则天竟然常常把政事交给二张负责，太子李显的儿子李重润和妹妹永泰公主、公主的女婿魏王武延基私自议论这件事，被张氏兄弟知道了，哭着把他们告到了武则天那里，武则天竟因此把李重润等人都处死了。大臣们看着武

则天所做的一切，知道是张氏兄弟怂恿而成。好不容易迎回庐陵王，他们不能允许这两个跳梁小丑把国家弄得乌烟瘴气。

所以宰相张柬之、崔玄暐，羽林将军桓彦范、敬晖等人来找太子，密谋除去二张，太子答应了。

神龙元年（705年）元月二十二日，张柬之等人率领左右羽林军五百多人来到玄武门，派李湛等人到东宫迎接太子。可李显懦弱，犹豫不定。王同皎对太子说："先帝将国家交付给殿下，结果殿下横遭贬废，这是人神共愤的事。如今，上天赐给殿下这样的机会，朝臣同心，禁军合力，想要在今天诛杀奸佞小人，恢复李唐社稷。请殿下暂时到玄武门，顺应民意！"可太子怕起事不成，反累自己，他怯弱地说："奸贼当道确实当诛，可现在圣体欠安，我怕陛下受不了惊吓啊！我看我们还是以后再说吧。"李湛说："我

们大家不顾身家性命，跟随殿下起兵。现在殿下反悔了，请殿下亲自去和将士们说吧！"李显惭愧，才下决心走出了东宫。

王同皎把太子扶到马上，一行人来到了女皇寝宫迎仙宫，在走廊捕杀了张昌宗、张易之兄弟。他们知道，政变的目的不仅仅是杀掉女皇的男宠，更重要的是要让女皇退位，把天下还给李家。所以，他们提着张氏兄弟的头，来到了女皇的病榻旁。"陛下，张氏兄弟意图谋反，臣等奉太子之命已经把他们斩杀了！臣等怕事情泄露，所以没有事先告知陛下。"

武则天痛苦地睁开双眼："什么? 他们叛乱?"随即，武则天立即明白是怎么回事了。他对李显说："既然叛乱已除，你们就各自回去吧!"

张柬之等人哪肯丧失这个机会，桓彦范向前一步说道："陛下，太子既然出来了就不能回去了。当年高宗皇帝将爱子托付给陛下，现在太子年岁已长，久居东宫，天意人心，天下思李唐久矣，希望陛下能传位太子。"武则天看了他一眼，说:"你也参与了谋杀张易之的行动? 朕待你父子不薄，没想到你竟如此回报朕。"桓彦范很惭愧。武则天又看了看崔玄暐，对他说:"很多人是被别人推荐上来的，可你却是朕亲自选拔的，你怎么也在这儿呢?"崔玄暐无地自容，但这个时候，他们知道自己不能考虑一人的恩宠得失，要以国家大局为重，所以只能辜负女皇陛下的栽培了。面对百官的要求、挟制，武则天不得不同意他们的

要求，她知道，自己的时代结束了。

第二天，病榻上的武则天宣布让太子监国，大赦天下。

第三天，武则天把皇位传给了太子李显。中宗即位，大赦天下，但张昌宗党羽除外。

第四天，复为皇太后的武则天托着病体黯然离开迎仙宫，迁居至洛阳城外的上阳宫。

李显当了皇上，高兴之余觉得有点对不起自己的母亲。他带领文武百官亲自来看望自己的母亲，还送给她"则天

大圣皇帝"的称号。从此，每隔十天，唐中宗都会率领百官来上阳宫给太后请安。

神龙元年（705 年）二月，唐中宗李显把国号恢复为唐。

唐中宗李显通过政变复位，将还在病榻中的则天女皇"请"下了帝座。婉儿默默地看着这一切，她不由得慨叹时事的变化。想女皇陛下执掌大唐政权五十多年，做了十五年的皇帝，成为自古以来的第一位女皇帝，可谓一生荣耀，不想晚年竟如此落寞，连自己喜欢的男

人都保护不了，最后还要被迫让位。婉儿知道女皇心中一定很难过，所以当中宗让她帮助他协理朝政的时候，她坚决地选择留在女皇的身边。因为，女皇对婉儿有着特殊的意义。是女皇把她从暗无天日的掖庭中拯救出来，还委以重任。是女皇教会她怎样在后宫中巧妙地生存。女皇的智慧无时无刻不在影响着她，她伴随武则天多年，两人的感情早就超越了奴仆关系。有时，女皇更像是把她当成一个朋友，有什么事都会和她商量，有什么话都会和她说。现在女皇失去了权力，又生命垂危，身边没有一个可以信赖的人，自己怎么能在这个时候离开她呢！

同年，在一个秋风萧瑟的晚上，82岁的武则天孤独凄凉地死在了病榻上。她死前留下遗愿，把自己和唐高宗李治合葬在渭水河畔的乾陵。同时，她不让儿子给他撰写碑文，她要留一座无字碑，是非功过，任由后人评说。

送走了一代女皇，婉儿整理心情，回到了李显身旁，还是负责帮他起草诏命。很快，婉儿就从悲伤中走了出来。她很清楚地知道:女皇走了，可她还要活。所以她重振士气，又投入到朝廷的事务中。

现在李显当政，她不得不重又投入李显的怀抱，因为她太需要安全感了。李显也不忘旧情，很快封她为"昭容"。昭容，是皇帝众多妃嫔的称号之一，其地位排在皇后(一人)、妃子(四人)之后，属于"九嫔"之中的第二名。虽然有中宗的宠幸，但婉儿还是很不放心。她知道中宗和韦后有一份特殊的感情。

中宗在流放生涯中，每天都过得担惊受怕。武则天每次派人去慰问的时候，李显都害怕得要上吊。有哥哥李贤的例子摆在那里，他相信母亲是能做出这样的事情的。在他担惊受怕的日子里，

是韦后给了他莫大的精神支持，是韦后不断的劝慰，让他挨过了凄风苦雨，得以存活下来。所以，他贫贱的时候就对韦后说："如果哪一天我还能回朝的话，一定不会亏待你的，你想怎么样就怎么样！"现在，李显果然回朝做了皇帝。他时刻履行自己的诺言，韦后无论提出什么样的要求，他都会尽量满足。

在李显没被流放以前，他就惧内。现在，两人又有了一层特殊的感情，所以婉儿必须要考虑韦后的问题。她很担心韦后像以前那样离间她和皇上的感情，她怕韦后加害她，所以她要想个办法解决。突然，她想起韦后似乎对武三思有情。

还记得女皇在世的时候，曾经撮合李显的女儿安乐公主和武三思的儿子武崇训，后来他们结成了男女亲家。记得韦后第一次看到这位亲家的时候，眼睛停在他身上很长时间。苦于没有人从中牵线搭桥，韦后一直没能和武三思联系上。婉儿决定做这个红娘，借此讨好韦后。

她先去找武三思，陈说利害关系，让武三思结交韦后。然后，又亲自把武三思和韦后约到一起。

韦后平时在宫中爱赌双陆游戏，常常和武三思对坐着赌双陆，韦后故意撒痴耍娇，逗武三思玩笑。中宗看着不但不生气，还手中握着一把牙签儿，替他们算着输赢的筹码。韦后得到了武三思，

对婉儿感恩戴德，决定冰释前嫌，从此和婉儿成了好朋友。

李显很重用婉儿，婉儿提出的很多要求他都会答应。婉儿自幼喜欢写诗，不想浪费了才华，所以想趁着被宠幸的机会发挥自己的才华。于是，她建议中宗设立修文馆，大召天下诗文才子，邀请朝中擅长诗文的大臣进修文馆，摛藻扬华。她还组织宴会，赋诗唱和。婉儿常常同时帮助中宗、韦后、安乐公主赋诗，无不是佳作，当时很多人传看、唱和她的诗。中宗还让她品评大臣们作出来的诗，名列第一的人，可以得到很贵重的赏赐，甚至可以加官晋爵。

在武后当政时期，上官婉儿就组织过很多次诗会，其中最有名的是龙门诗会。一次，武后拿出一件锦袍，赐给最先写出诗的人，婉儿负责评定。东方虬第一个写完，把诗交给了婉儿，接着宋之问的诗也写完交给了婉儿。按照事先的规定，本来应该把这件御赐锦袍赐给东方虬，但婉儿却把它赐给了宋之问，因为她认为宋之问的诗文理兼美。

到了中宗时期，诗会仍然继续举办。当时有两个人久负盛名，他们就是沈佺期和宋之问。二人都是唐初的文豪，致力于诗的格律化，史称"沈宋"。二人诗风相近，诗才相仿，时人很难分出高下，是上官婉儿帮时人给这两位文豪作出了评定。一次，中宗带领百官去昆明池游玩，即兴赋诗，群臣应制百余篇。中宗让婉儿对百官的诗作一一加以评定，很快就有了高低结果，最后只剩下沈佺期和宋之问的诗不分高下。婉儿细心地读了二人的诗，认为两人才气相抵，但宋诗略胜一筹。因为沈诗的落句是："微臣雕朽质，羞睹豫章材。"婉儿认为这两句话表明词气已经没有了；而宋诗的后两句是："不愁明月尽，自有夜珠来。"词气仍在，并且很旺盛。听了婉儿的评价，沈佺期

很服气。明代王世贞在《艺苑卮言》中也说：沈佺期的结句是"累句中的累句"，宋之问的结句是"佳句中的佳句"。后世评论也认为婉儿的评语一针见血，可见她的确不愧为一位宫廷文学的权威鉴赏者。

在众多诗学才子中，有一个人引起了婉儿的注意，他就是崔湜。在武三思府上，婉儿曾经见过他，那次见面，婉儿就被他的外表吸引了。不过当时婉儿还沉浸在与武三思的绵绵爱意中，无暇他顾。现在武三思投入韦后的怀抱，留下婉儿一人寂寞。在这个时候又见崔湜，婉儿不禁心向往之。不想这崔湜又写得一手好文章，自然更讨婉儿的喜欢了。面对大自己六岁的上官婉儿的爱情，崔湜毫不犹豫地答应了。不单是因为他们都负有诗名，更重要的是崔湜知道上官婉儿在朝中的权势，他知道自己一旦依附了上官婉儿，马上就会有荣华富贵。

婉儿也果然没有亏待他，常在中宗面前推荐他。他很快从中书舍人升为兵部侍郎，又升为中书侍郎、检校吏部侍郎、同中书门下平章事（同中书门下平章事在当时是宰相之位）。

可是有一点不尽如人意，崔湜住在宫外，婉儿住在宫内，两人见面很不方便。为了便于和崔湜见面，婉儿又想出了一个办法。她先去找韦后，让韦后求中宗允许宫女、妃嫔在宫外建宅，她知道韦后会答应这个请求，因为这样做也方便韦后私会自己的情人。让妃嫔在宫外建设府邸，这在唐朝历史上是绝无仅有的，但是韦后提出的要求，李显不得不答应。所以婉儿在宫外买了一处府邸，和崔湜做起了露水夫妻。后来，中宗派人在上官婉儿的居住地穿池为沼、叠石为岩，穷极雕饰，又常常带着大臣于其中喝酒、玩乐。这个地方亭台阁宇，园榭廊庑，风雅可称是洛阳第一家。后来

崔湜在主持铨选时，犯了很多错误，中宗把他贬为外州司马。

自打婉儿把武三思介绍给韦氏，武三思整日只顾和韦后厮混，冷落了婉儿。李显又年老体弱，崔湜的出现，抚慰了婉儿寂寞的心灵。现在崔湜出事了，婉儿自然不能见死不救。所以婉儿去找安乐公主，求她帮忙。

安乐公主小名裹儿，是当年李显被贬流放的途中所生。当时韦氏没有准备，只能用自己的衣服把孩子裹在里面，所以得名裹儿。虽然成长的过程很艰辛，但长大后的安乐公主却出落得异常美丽，号称当朝第一美女。又因为安乐公主与

李显患难与共的特殊关系，所以唐中宗对这个女儿非常宠爱。武三思就是看中了安乐公主的特殊地位，才会百般斡旋，让自己的儿子武崇训娶了她。

在安乐公主刚跟着父亲被武则天从乡下接回来的时候，婉儿没少照顾她。现在婉儿有事相求，她爽快地答应了。安乐公主只是和中宗撒了个娇，崔湜就官复原职了。

六、韦后弄权专政
婉儿命丧黄泉

　　虽然中宗复位，天下复归李唐，但武氏一族在朝中的势力仍然很大。尤其是武三思，他凭借韦后和上官婉儿的帮扶，在李氏王朝中非但没有获罪，反而加官晋爵，深得中宗赏识，又被擢升为开府仪同三司。武家的人因为武三思的提升、重用，更加嚣张。

　　中宗复位，朝政混乱，韦后弄权，武三思得宠，这些事让朝中大臣非常不安。当年张柬之等人发动神龙革命，把武则天从帝位上"请"下来的时候，曾有人建议一并将武三思除去，但张柬之没有听从意见，所以未能成行。现在看到武三思联合韦后、上官婉儿搞得朝野乌烟瘴气，张柬之才决定联合力量除掉武三思。

他给中宗上表，说武三思和皇后有染，建议中宗除掉武三思，中宗不相信。在这以前，监察御史崔皎向中宗进谏，建议中宗削弱武氏的力量，保证朝野的

稳定。中宗非但不听，还把崔皎的话告诉了武三思，武三思找机会贬了他的官。现在武三思知道张柬之等人还想除掉他，决定先下手为强，把他们一并除去。

他先去找韦后商量，已经结成同盟的韦后自然帮忙。但是韦后不知道具体怎么实施，她又找婉儿商量办法。婉儿想了想，然后说："这几个人在朝中根基不浅，我们要一步步来。皇后可以先让皇上升他们的官，采取明升暗降的方法先夺去他们手中的权力，然后再从长计议。"

于是，韦后找到中宗，对他说："陛下，滴水之恩，当涌泉相报。张柬之、崔玄暐等人不顾个人安危，帮陛下重登大宝，陛下还没有赏赐他们呢！"

唐中宗问："依皇后的意见，朕该如何封赏他们呢？"

韦后答道："陛下不如封他们为王，这是天大的荣耀。他们一定会感激陛下

的恩宠，更加潜心辅佐陛下的。"

"好，就依皇后所言！"

于是，中宗封桓彦范为扶阳郡王，敬晖为平阳郡王，张柬之为汉阳郡王，崔玄暐为博陵郡王，袁恕己为南阳郡王。同时，还赐给他们很多金银、布匹，显示皇上的恩宠。这样，采取明升暗降的方法，武三思顺利地夺了五人的权力，自己在朝中更加不可一世。

可武三思还是不放心，他要将这几个人赶尽杀绝。

他秘密派人写了一张关于韦后淫荡乱朝的布告，然后让人贴到洛水桥上。以前，处士韦月将看不惯朝政如此混乱，曾经上书检举武三思和韦后通奸的事，还预言他们会勾结叛乱。面对臣子对皇后的指责，中宗非常不满，下令处死韦月将。黄门侍郎宋璟以自己的性命相抵，才免韦月将一死，发配岭南，后来中宗还是偷偷派人将他处死了。正是通过这

件事，武三思知道中宗很注意韦后的名
声，不允许别人破坏。所以，现在他想
出了这个栽赃嫁祸的方法。

　　果然，中宗知道这个布告后，暴跳
如雷，下令严查。朝中都是武三思的党
羽，严查的结果自然说是五王所为。韦
后又到中宗面前大加哭诉，武三思还找
来儿媳安乐公主添油加醋，中宗盛怒之
下，将五人贬出京师。武三思还让太子
李重俊上书诛灭五王三族，李显没有答
应。

　　中书舍人崔湜对武三思说："五王不
除，必是后患！不如派人假传圣上的旨意，

将他们全体诛杀。"所以，桓彦范在流亡贵州的路上遭杖杀而死；敬晖流放到崖州被杀害；袁恕已被流放到环州的时候，已经被逼疯了，还是难逃一死；崔玄暐在流放白川的半路被杀害；而张柬之也在被流放到襄州时，气愤而死。

武三思谋杀五王之后，权力已经上比君主了。他常常对别人说："我不知道什么是好人，什么是坏人。对我好的人就是好人，对我坏的人就是坏人！"一时间，很多奸佞小人投到他的麾下。兵部尚书宗楚客、将作大匠宗晋卿、太府卿纪处讷、鸿胪卿甘元柬等人都是武三思的党羽，御史中丞周利贞、御侍史冉祖雍、太仆丞李悛、光禄丞宋之逊、监察御史姚绍之更是对武三思摇尾乞怜，时称"三思五狗"。

韦后因为皇太子李重俊不是自己亲生的，所以很讨厌他。武三思也怕他继承皇位后会加害自己，所以对他小心提

防、伺机破坏。上官婉儿因为与武三思、韦后的特殊关系，在撰写诏令的时候常常褒扬武家、贬抑李家。安乐公主和丈夫武崇训更是不把太子放在眼里，常常横加侮辱，甚至在人前称呼太子为"家奴"，她还常常怂恿中宗废掉太子，立她为皇太女。中宗虽然不答应，但从来不责备她。

太子李重俊忍无可忍，决定杀掉武三思一伙儿。

唐中宗神龙三年七月六日，李重俊带领左羽林军大将军李多祚、将军李思

冲等人，假传圣旨，紧急征调三百多名士兵冲进武三思家，杀死了武三思、武崇训等十余人，但没有找到安乐公主。李重俊派左金吾大将军守卫宫门，自己带领士兵冲进后宫，搜捕上官婉儿。上官婉儿当时正和中宗、韦后在一起。面对危机，她临危不乱，镇静地对中宗说："皇上，看太子这样是想先杀婉儿，然后再杀皇上和皇后啊！"中宗吓得紧忙带着上官婉儿、韦后、安乐公主逃到玄武门城楼上，他又召集右羽林军大将军刘景仁率领一百名侍卫来城楼前护驾。接着，侍中杨再思、兵部尚书宗楚客又调集一千多名士兵进行平叛。李重俊站在城楼前，一直希望中宗能和他说话，问他为什么造反。可中宗站在城楼上，只是对李重俊的士兵说："你们都是朕的士兵，为什么要起兵反朕啊？如果现在你们放下武器的话，朕会既往不咎！"造反的士兵看到敌众我寡，皇上又肯不追究，都纷纷倒戈。太子李重俊匆忙逃跑，在树下休息的时候被左右的人杀掉，将人头献给了中宗。

中宗拿着李重俊的人头来到武三思灵柩前祭祀，婉儿和韦后看着自己的情人惨遭杀害，不免心生凄凉。婉儿心想，世事多变，要懂得珍惜现在啊！还好，她还有崔湜。虽然最近崔湜又投入了安乐公主的怀抱，不过他也并没有怠慢自己。婉儿又想到李重俊竟指名杀她，才发觉自己交好武氏，已经得罪了李家的人。自此以后，她有意疏远韦后一伙，

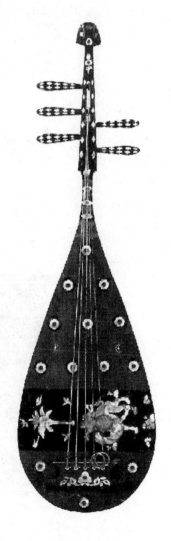

开始靠近太平公主。

武三思死了，韦后很伤心，但她的宝贝女儿安乐公主却很高兴。因为，安乐公主已经和武延秀（武承嗣的儿子）好上很长一段时间了。现在，武崇训不在了，安乐公主光明正大地嫁给了武延秀。

武三思虽然被诛，朝野却没有多大改善。中宗等人耽于享乐，淫逸之风仍在蔓延。韦后、安乐公主、长宁公主（韦后的女儿，安乐公主的姐姐）、韦后的亲戚、上官婉儿、婉儿的母亲沛国夫人（郑

氏在婉儿被封为昭容的时候，一道被封为沛国夫人）等人都依靠自己手中的权力恃强凌弱、卖官鬻爵。无论是屠夫、宫女，还是尼姑、道士，只要给她们行贿三万钱，都能得到自己想要的差事。

自从上官婉儿奏请后宫妃嫔可以在宫外设宅，很多人都到外面买了自己的府邸。朝中大臣、三教九流都跑到她们身边讨好，或是希望自己加官晋爵，或是希望给自己谋个一官半职。其中以安乐公主最甚。

安乐公主仗着中宗和韦后的宠爱，刁蛮、霸道，朝中很多官员都是经她推

荐而晋升的。她还和姐姐长宁公主比赛，看谁的庭院更豪华，谁家的用度更奢侈。安乐公主请求中宗把昆明池赏赐给她，李显因为昆明池是很多渔民赖以生存的基础，所以没有同意。安乐公主一气之下，强夺民宅民地，开掘"定昆池"。定昆池方圆四十九里，一直到达南山。安乐公主又模仿华山造型，在其中兴建假山、堆砌石头。山中水道纵横，仿佛是天河。安乐公主将此池取名为定昆池，是为了显示这个水池比昆明池还要广阔、奢华。

安乐公主和长宁公主还常常放纵家奴出去强民占地，胡作非为。官府将她们的家奴抓捕下狱，两位公主找到中宗，中宗竟把他们全都无罪释放。

安乐公主还和太平公主各树党羽，互相破坏。中宗对此没有办法，他曾经问修文馆直学士武平一："听说最近宫内外的皇亲、国戚、贵族相处得很不和睦，你有什么办法化解吗？"武平一回答说："这都是因为有些奸佞小人从中挑拨，把这些小人驱逐出去就好了。如果这个办法还不灵验的话，皇上就要收回爱心，严加教训，防止这些皇亲国戚积累罪恶。"李显认为武平一说得有道理，赏赐了他，但并没有采纳他的建议。

景龙元年（707年）二月，韦后说她衣箱的裙子上有五色祥云升起，让画工把祥云图画下来给百官看。她还让右骁卫将军，知太史事迦叶志忠上表说："当初，高祖当皇帝前，天下歌'桃李子';太宗当皇帝前，天下歌'秦王破阵乐'；高宗当皇帝前，天下歌'侧堂堂'；则天皇帝当皇帝前，天下歌'武媚娘'；圣上当皇帝前，天下歌'英王石州'。由此可见，现在皇上皇后仁德归心，天下人都很仰慕。所以，臣想送上'桑条歌'十二篇，让天下人都知道皇上、皇后的丰功伟业。"中宗高兴地同意了，这篇歌颂韦后的桑条歌让韦后的野心昭告于天下人面前。

韦后势力日盛，定州人郎岌上疏说："皇后淫乱后宫，必将作乱！"中宗下令将郎岌乱棒打死。

许州燕钦融又上疏，说："皇后淫乱、干预朝政、外戚势盛；安乐公主、武延秀、宗楚客胡作非为，阴谋危害国家。"百官上疏不断，中宗决定召见燕钦融一问究竟。燕钦融一边磕头，一边陈述，声泪俱下。中宗呆在那里，说不出话。燕钦融走后，宗楚客假传中宗旨意，派人

捕杀燕钦融，燕钦融惨死。中宗虽然没有追究宗楚客的责任，但心中很不高兴。自此，中宗有些疏远韦后。

韦皇后是一个权力欲极强的女人，一直想成为第二个武则天。中宗刚刚复位的时候，她就坐在帘子后面，临朝听政，时时给中宗以训示。上官婉儿也常常劝谏韦后行则天故事。则天故事无非是两点，一是做皇帝，二是养男宠。这些年来，韦后有许多情人，就连女婿武延秀和她的关系也不清不楚。养男宠实现了，做皇帝却还没有实现。现在，看到中宗的变化，韦后怕中宗哪一天会和她反目，决心害死中宗，自己做皇上。安乐公主一直想做皇太女，中宗没有答应，她耿耿于怀，也加入到谋害父亲的阵营中。韦后答应安乐公主，一旦自己成为皇上，就封她为皇太女。

散骑常侍马秦客精通医药，光禄少卿杨均擅长炒菜。由于经常出入宫廷，

他们和韦后都有不可告人的通奸关系。韦后借此威胁他们，他们怕中宗知道了怪罪，只好也投入谋害中宗的阵营。二人合力，做了一个有剧毒的馅饼，毒死了中宗。

中宗死后，韦皇后密不发丧，而是把亲信找了来，开始集中权力。她动员士兵五万人守卫京师，让韦温总管全国兵马。

看到中宗被韦后毒死的那一刻，婉儿就明白发生了什么。具有敏锐政治嗅觉的她知道又要变天了，她又要选择一队来站。现在虽然韦后的势力略胜一筹，但仍有很多朝臣拥护李家。太平公主的势力也很强大，最后鹿死谁手还不好说。所以，她现在不能明确地站在哪一边，她哪边都不能得罪。婉儿立即把太平公主找来，看到哥哥的死尸，同样具有政治能力的太平公主当然也明白怎么回事。她和婉儿要联手阻止韦后的阴谋，可现在又没有什么办法。正好，韦后让婉儿起草中宗遗诏。婉儿只能采取折中的办法：立温王李重茂为太子，韦后辅佐幼主，相王李旦参知政事。婉儿本想通过这个办法，让李旦牵制韦后，阻止韦后的阴谋。谁知宗楚客觉得把李旦留在身旁是个祸害，所以率各宰相上表，请皇后临朝主政，免除了相王李旦的职务。李旦被改封为太子太师，婉儿的权宜之计没有成功。

一切准备停当，韦后命人把中宗的灵柩抬到大殿中，昭告天下。三天后，太子李重茂即位，韦后掌管政事。事情进行得很顺利，宗楚客、武延秀等人劝韦后早些登基一统。于是，韦后大换朝臣，提拔韦氏一族和自己的亲信。接着，宗楚客又秘密上疏韦后，伪造神示，说韦后是上天注定要推翻李氏王朝的人。最后，只剩下一个障碍了，那就是太平公主和李旦。李旦是继承过大统的人，拥有很多朝臣的拥护；太平公主在朝中势

力强大。宗楚客和韦温、安乐公主商量，密谋除掉李旦和太平公主。

兵部侍郎崔日用一直归附武、韦一伙，知道了宗楚客的阴谋，他怕事情失败，大祸会降临到自己头上，有人暗中把事情告诉了李隆基。

李隆基是相王李旦的儿子，曾经任潞州别驾，被免职后又回到了长安。他秘密团结拥护李唐的大臣，结交有才干的勇士，密谋推翻韦氏，恢复李唐政权。唐太宗李世民的时候，曾经甄选朝中的骁勇健儿，穿上画有虎皮的衣服，随从皇上出游打猎，在马前射击走兽，号称"百骑卫士"。武则天时，人数增至一千人，号称"千骑卫士"，隶属左右羽林军。到中宗时，人数已经增加到一万人，号称"万骑卫士"，设专门官职——万骑果毅负责管理。李隆基用心和他们中的豪杰英雄结交，交下了很多人。

知道了宗楚客等人的阴谋，李隆基与太平公主商量，决定先发制人。唐中宗景龙四年（710年）六月二十日，李隆基在万骑果毅葛福顺、李仙凫的支持下，伙同太平公主及其子薛崇简、刘幽求等

人发动政变。是夜,天降大雪,刘幽求道:"天意如此,机不可失!"葛福顺遂拔出长剑,率领士兵,闯进羽林军大营,杀死了韦璇、韦捷、高嵩,砍下他们的人头说:"韦皇后毒死先帝,阴谋乱朝,人人得而诛之。凡韦氏族人,身高有马鞭长的都杀无赦!我们要拥护相王李旦,安定天下,凡助纣为虐者,杀无赦!"士兵都不满意韦氏,高兴地把韦璇的人头送给玄武门下的李隆基。韦后仓皇失措,逃到飞骑卫士营,被士兵砍下头颅,献给了李隆基。正在镜前打扮的安乐公主,

被一拥而进的士兵杀死，武延秀也被士兵在肃章门杀死。

听到皇宫内喊声震天，婉儿紧忙出去查看，才知道是李隆基和太平公主发动了政变。身居要位多年，还曾经依附武三思、韦皇后的上官婉儿深知自己在劫难逃。她泰然地走到宫门前，亲自迎接这一刻，宫女们手持烛火，站在她的身边。刘幽求的先锋军队到了，婉儿安静地把自己曾经草拟的中宗遗诏给他看，婉儿并不是想为自己开脱，她只希望李隆基明白，她生命的最后时刻是心向李唐的。刘幽求拿着中宗的遗诏，求李隆基网开一面。李隆基也舍不得杀上官婉儿，毕竟她是一代才女。但是，上官婉儿犯下的罪过实在不可饶恕。是她穿针引线，帮助武、韦联合，是她帮助武、韦势力迫害李家的人，上官婉儿对于朝野的混乱负有不可推卸的责任。所以，李隆基把心一横，将她斩于军旗之下。

就这样，在红烛的微光中，上官婉儿结束了她宦海沉浮的一生。